Für Chantal, Luke, Larissa, Linda und Judith

Carsten Kettler hat hier seine Erfahrungen zum Umgang mit Geld aufgeschrieben. Es geht nicht darum, Millionär zu werden, sondern dass jeder selbst die Verantwortung dafür übernimmt, dauerhaft am Monatsende noch genügend vom Monatseinkommen übrig zu haben, um ein in finanzieller Hinsicht entspanntes Leben genießen zu können.

Carsten Kettler

Grundlagen zum kontrollierten Umgang mit Geld

Books on Demand
Norderstedt

Bibliographische Information der Deutschen Bibliothek: Die Deutsche Bibliothek verzeichnet diese Publikation in der Deutschen Nationalbibliographie; detaillierte bibliographische Daten sind über http://dnb.ddb.de abrufbar.

ISBN 978-3-7431-9610-0

© Carsten Kettler
1. Auflage 2017
www.carsten-kettler.de
Herstellung und Verlag: BoD - Books on Demand, Norderstedt
Gestaltung: Carsten Kettler

Wir überschätzen oft, was wir in einem halben Jahr zu leisten vermögen. Aber noch mehr unterschätzen wir, was wir in zehn oder fünfzehn Jahren alles erreichen können.

Inhalt

1. Vorwort

Die Höhe meines Taschengeldes als Schüler war immer sehr überschaubar. Als es dann im Alter von siebzehn Jahren endlich losging mit dem Verdienen des eigenen Geldes, war es ein schönes Gefühl, in jedem Monat ungefähr den zehnfachen Betrag des vorher erhaltenen Taschengeldes zur Verfügung zu haben. Mit achtzehn hatte ich den Führerschein, ein erstes eigenes Auto (sehr alt und sehr gebraucht) und beides selbst bezahlt. Da sich mit beidem mein Aktionsradius quasi ins Unermessliche erweitert hatte, benötigte ich aber auch wesentlich mehr Geld zum Leben als vorher. Mir wurde in diesen Jahren bewusst, dass sich innerhalb meines Freundes- und Bekanntenkreises zwei grundsätzlich voneinander unterscheidende Umgangsweisen mit Geld herauskristallisierten.

Da waren zum einen diejenigen von uns, die an jedem zweiten Tag in der Pommesbude gegessen hatten und während der Wartezeit auf ihr Menü noch schnell fünf Mark im Spielautomaten versenkten. Es gab auch einige, die hatten von heute auf morgen ein Auto, welches sie zu einem Preis gekauft hatten, der ungefähr dem Zehnfachen ihres Monatsnettoeinkommens entsprach. Ich wunderte mich schon sehr darüber, wie diejenigen das finanzierten. Im Laufe der Zeit verstand ich, dass sie einfach über ihre Verhältnisse lebten und Dispositions- oder Ratenkredite in Anspruch nahmen.

Eine zweite Gruppe hatte weiterhin überwiegend zu Hause gegessen, fuhr wie vorher mit Bus und Bahn oder besaß alte Autos mit wenig Leistung, die auch mit sehr schmalem Budget zu finanzieren waren. Zu dieser Gruppe zählte auch ich. Wir hatten eine klare Vorstellung davon, wie wir im Alter von dreißig Jahren leben wollten, und legten deswegen in jedem Monat etwas Geld zur Seite. Die Banken zahlten in den 1980er Jahren bis zu acht Prozent Zinsen auf Sparguthaben, was dem Vorhaben noch mehr Charme gab. Diejenigen aus der ersten Gruppe, welche ich gelegentlich heute noch treffe, besitzen nichts von Wert, fahren selten in den Urlaub und sprechen nach wie vor sehr häufig davon, dass alles so teuer ist und sie sich nichts leisten können.

Fast alle aus der zweiten Gruppe besitzen heute entweder Immobilien, neue und relativ große Autos und/oder sehr schöne Mietwohnungen mit kostbaren Möbeln. Sie reisen mit ihren Familien auch mindestens einmal pro Jahr in den Urlaub.

Es liegt mir fern, die eine oder die andere Lebensweise zu bewerten, geschweige denn diejenigen, die wenig bis nichts Materielles besitzen, zu verurteilen. Doch irgendwann hören wir alle auf zu arbeiten und werden auch dann hoffentlich noch zwei bis drei Jahrzehnte leben. Wovon bestreiten wir dann unseren Lebensunterhalt? Wovon werden **Sie** dann Ihren Lebensunterhalt bestreiten?

Wenn bis Mitte vierzig oder fünfzig noch kein Kapital vorhanden sein wird, kommt in den verbleibenden Lebensjahren sehr wahrscheinlich auch nichts mehr hinzu. Erwarten Sie eine Erbschaft oder einen Lottogewinn?

Wenn ja, so wird Ihnen dies meiner Ansicht nach langfristig nichts bringen, falls Sie bis zu dem Auszahlungszeitpunkt nicht über Geld nachgedacht haben. Man kann entweder mit Geld umgehen oder eben nicht. Die Erbschaft und der Lottogewinn könnten sehr schnell ausgegeben werden. Wer es nicht in jungen Jahren lernt, der lernt es später auch nicht mehr. Denken Sie immer daran: Versicherungsverkäufer, Bankberater und alle anderen Menschen, die Ihnen in Ihrem Leben begegnen, wollen Ihnen etwas verkaufen und haben dabei immer die eigene Provision im Blick. Also los, lassen Sie uns starten und nehmen Sie die Verantwortung für Ihr Geld in die **eigene** Hand. Es ist Ihre Zukunft.

Das Geld, das man besitzt, ist das Mittel zur Freiheit, dasjenige, dem man nachjagt, das Mittel zur Knechtschaft.

Jean-Jacques Rousseau (1712–1778)

2. Welche Bedeutung hat Geld?

Geld ist in erster Linie ein Zahlungsmittel. Es dient dazu, Waren und Dienstleistungen einen Wert zuzuordnen. Jedem Einzelnen von uns ermöglicht es, sich zu spezialisieren und einen Beruf auszuüben, der uns liegt. Für das dadurch verdiente Geld können wir uns dann diese Waren und Dienstleistungen kaufen, anstatt alles selbst herstellen oder tauschen zu müssen. Dabei kann der Preis in Abhängigkeit von Zeit und Ort stark schwanken. Er ist abhängig vom Angebot und der jeweiligen Nachfrage und nicht selten auch davon, inwieweit sich Käufer und Verkäufer einig über den Wert der jeweiligen Sache sind. Denken Sie immer daran: Eine Ware oder Dienstleistung hat für Sie immer nur den Wert, den Sie selbst dieser gerade zuordnen. Verwechseln Sie nicht den Preis mit dem Wert.

Geld ist aber auch ein Wertaufbewahrungsmittel. Wir können es sparen. Wir sind damit in der Lage, einen Teil der Entlohnung für unsere Arbeitsleistung in Form von Geld für einen späteren Zeitpunkt aufzubewahren. Zuhause im Sparstrumpf oder im Tresor, auf dem Sparbuch oder wo auch immer, um es dann zielgerichtet einzusetzen. Wir können Geld anlegen und investieren. Beispielsweise indem wir Aktien kaufen und dafür Dividenden erhalten oder von der Wertsteigerung der Aktie profitieren.

Ein Mehrfamilienhaus zu kaufen bringt uns Mieteinnahmen in der Zukunft, gleichzeitig jedoch relativ hohe Hypothekenzinszahlungen in den ersten Jahren.

Welche Bedeutung hat Geld also für unser Leben? Ist es

- schlecht,
- gut,
- unbedeutend,
- egal
- oder am wichtigsten von allem?

Meiner Ansicht nach nichts davon. Geld hat die Bedeutung, die Sie ihm geben. Es ist deswegen von besonderer Bedeutung, sich bereits in jungen Jahren Gedanken über Geld und den richtigen Umgang damit zu machen, um den Grundstein für eine in dieser Hinsicht sorgenarme Zukunft zu legen. Sorgenfrei wird es wohl nie werden, denn wenn Sie im Laufe Ihres Lebens reich werden sollten, so überkommt Sie vermutlich irgendwann die Angst, alles wieder zu verlieren. Doch wir können im Laufe der Jahrzehnte so manche Klippe umschiffen, wenn wir uns richtig vorbereiten.

Meine Tipps in diesem Buch dienen nicht dazu, dass Sie Ihr Leben an Ihren Kontostand verkaufen. Leben Sie und gehen Sie Ihren Hobbys nach.

Ein mit Leidenschaft gelebtes Hobby kostet weit weniger als regelmäßig und aus purer Langeweile heraus getätigte Einkaufstouren durch die Shoppingmalls unserer Republik. Es geht mir nicht darum, Ihnen aufzuzeigen, wie Sie Millionär werden können. Ich zeige auf, wie Sie relativ frei von wirtschaftlichen Zwängen und damit ein überwiegend selbstbestimmtes Leben genießen könnten.

Wenn Sie an dieser Stelle denken: „Wie soll das funktionieren mit meinem kleinen Einkommen, mit meiner Ausbildung werde ich nicht weit kommen" oder Ähnliches, so werden Sie Recht behalten. Wir bekommen in der Regel das vom Leben, was wir erwarten. Denken Sie also positiv und lassen Sie sich darauf ein. Sie wissen nicht, welche Wege Ihnen Ihre Zukunft aufzeigen wird. Sie könnten aber sofort starten und sich Gedanken darüber machen, welche Alternativen Sie haben. Es sind so viele, dass die Auswahl vermutlich schon die schwerste Aufgabe ist.

Unsere Gesundheitssysteme ächzen unter der Last der finanziellen Belastungen. Sie werden also in der aus heutiger Sicht noch fernen Zukunft auch Geld benötigen, um Ihre Gesundheit zu erhalten. Die privaten Zuzahlungsanteile an den Gesundheits-kosten werden weiter steigen. Das können wir nicht ignorieren. Geld ist also nicht egal.

Wenn **Sie** sich nicht um Ihr Geld kümmern, dann werden Sie Ihr Leben lang für andere arbeiten und vom guten Willen anderer abhängig sein. Es benötigt wesentlich weniger Zeit, als die meisten Menschen denken, um erfolgreich seine Finanzen zu regeln. Die einzige Voraussetzung dazu ist, es konzentriert und gewissenhaft zu **tun**. Fragen Sie Menschen, die Geld haben, wie es geht. Sie wissen genau, welche Menschen das in Ihrem Umfeld sind, und werden überrascht sein, wie viel Sie spielend leicht dazulernen können. Es gibt durchaus viele wohlhabende Menschen, die ihr Wissen gerne teilen.

Geld an sich betrachtet, kann nicht schlecht sein. Es liegt an uns, was wir damit tun. Haben wir keines, klagen wir und hadern mit der Situation. Was sollte das ändern? Haben wir Geld, so können wir es sinnvoll für die Familie ausgeben, Teile davon spenden oder es, ohne darüber nachzudenken, verprassen. Gut oder schlecht handeln also wir Menschen, indem wir entscheiden, was wir mit unserem Geld tun. Arbeiten Sie an Ihrer Einstellung zum Umgang mit Geld. In den Urlaub zu fliegen und in der ersten Klasse zu sitzen, bereitet sicher viel Freude, doch passt es vielleicht gerade besser zur aktuellen Lebenssituation, den Billigflieger zu nutzen und etwas enger zu sitzen. Arbeitslos und trotzdem an dem teuren Auto festhalten? Was sollen Familie, Freunde und Nachbarn denken, wenn Sie es jetzt wieder abgeben? Ich halte das für falsche Gedanken.

Fragen Sie sich besser, was Sie Ihrer Familie antun, wenn Sie an dem Wagen festhalten, den Sie sich nicht leisten können, und einige Monate später die Bank Sie zwingt, diesen zu verkaufen. Der wirtschaftliche Verlust wird wesentlich größer sein. Das Schamgefühl vermutlich ebenfalls. Außerdem nehmen Sie sich die Chance, dass Ihnen andere Menschen in dieser schwierigen Phase helfend zur Seite stehen. Lösungen lassen sich leichter finden, wenn wir uns mit anderen Menschen zu den anstehenden Problemen austauschen.

Tipp:

Sehen Sie Geld als Gestaltungsmittel und denken regelmäßig darüber nach, wie Sie es im Sinne Ihrer Lebensplanung einsetzen wollen. Geld für sich alleine betrachtet bringt Ihnen keinen Mehrwert. Es ist nicht das Ziel, der reichste Mensch auf dem Friedhof zu werden.

Wenn du den Wert des Geldes kennenlernen willst, versuche dir welches zu leihen.
Benjamin Franklin (1706–1790)

3. Ich will alles! Jetzt und sofort

Geht es uns nicht allen so? Wir haben Wünsche und Erwartungen, die erfüllt werden wollen. Die Werbung lockt. Freunde, Bekannte, Familie, Arbeitskollegen, alle besitzen etwas, von dem wir denken, warum wir es nicht haben. Ein neues Smartphone, eine Designercouch in der ersten eigenen Wohnung, ein schöneres Auto und, und, und. Alles verständlich und mir ging und geht es nicht anders. Vor allem ist es so, dass das erste selbst verdiente Geld sich gut anfühlt und man sich endlich Wünsche erfüllen kann, ohne die Eltern fragen zu müssen. Es kommt jetzt ja auch an jedem Monatsende neues Geld auf das eigene Bankkonto. Doch wie fühlt es sich dann an, wenn die Monate wiederkehrend zu Ende gehen und das Guthaben immer nur noch fünfzig oder einhundert Euro beträgt? Schlimmer, wie fühlt es sich an, wenn die Summenzahl mit negativem Vorzeichen auf dem Kontoauszug immer größer wird? Was passiert, wenn eine größere Anschaffung ansteht oder unerwartet etwas kaputt geht? Dann sind keine Reserven vorhanden, um das Bedürfnis zu befriedigen. Viele denken: „Gut, dass es den Dispositionskredit gibt und die Zinsen glücklicherweise gerade auf historisch niedrigem Niveau berechnet werden." Bei genauerer Betrachtung sind die Kontoüberziehungszinsen dann doch nicht ganz so niedrig wie erwartet und der Effekt des Zinseszinses tut sein Übriges.

„Ach, irgendwie wird es schon gehen, es machen ja alle so." **Eben nicht.** Es machen nicht alle so. Also überlegen Sie sich, ob Sie es nicht auch anders machen wollen.

In dem Moment, in dem man sich etwas wünscht, es auch unmittelbar zu kaufen, ist in den seltensten Fällen eine gute Idee. Die neuen Autos und Möbel werden schneller alt, als wir es erwarten, und die Nachbarn und Freunde erneuern vermutlich sowieso schneller, als wir folgen könnten. Spontan erworbene Konsumgüter liegen schnell ungenutzt in der Ecke. Erliegen Sie nicht der Werbung, sondern setzen Sie Ihren Verstand ein. Wir können Geld nur einmal ausgeben und wenn wir es getan haben, hat es sofort ein anderer. Wenn es uns dann keinen Mehrwert gebracht hat, haben wir vorher umsonst gearbeitet. Meine Erfahrung ist die, dass Arbeiten in jedweder Form erheblichen Aufwand bedeutet. Früh aufstehen, fleißig sein, Wiederstände ertragen, lernen, spät nach Hause kommen, im Stau stehen oder in überfüllten öffentlichen Verkehrsmitteln fahren usw. Da wäre es doch schade, das mühsam verdiente Geld nicht der Verbesserung des eigenen Lebensstandards zuzuführen. Was spricht dagegen, die ersten vier bis sechs Monate in der Ausbildung oder/und dem ersten Job nach der Ausbildung/dem Studium einfach so weiterzuleben wie in den Monaten zuvor? Sie verdienen zwar ein Vielfaches, doch tun einfach so, als ob sich Ihr Einkommen nicht verändert hat, sparen das überzählige Geld und steigern Ihre Ausgaben erst danach moderat.

Diese Methode hat den Vorteil, dass Sie nach maximal sechs Monaten schon mehrere Monatsnettoeinkommen angespart hätten. Wenn Sie erst dann anfangen dem aktuellen monatlichen Nettoeinkommen entsprechend Geld auszugeben, haben Sie immer eine gute Reserve für Notfälle oder schöne Einmalkäufe auf der Seite liegen. Das kann ein sehr schönes Gefühl sein und tut Ihnen in der Ansparphase nicht weh.

Tipp:

Schlafen Sie bei jeder größeren Anschaffung eine Nacht darüber, ob Sie das Geld wirklich zu diesem Zeitpunkt ausgeben müssen oder ob es nicht sinnvoller wäre, zu einem späteren Zeitpunkt zu kaufen. Sprechen Sie mit Ihrem Freund/Ihrer Freundin darüber und entscheiden Sie dann.

Entscheiden **Sie** und lassen Sie nicht andere entscheiden.

Wenn Sie sich beraten lassen, dann bitte ausschließlich von Menschen, die selbst nachweislich mit Geld umgehen können. Menschen, die selbst nicht gut mit Geld umgehen können, sind schlechte Ratgeber. Hören Sie nicht auf diese. **Niemals.**

Zahlen Sie niemals den ersten genannten Preis, sondern fragen Sie immer nach einem Nachlass.

4. Die Ausgangssituation

Haben Sie schon einmal ein Haushaltsbuch geführt? Wenn nicht, dann starten Sie **jetzt** damit. Es gibt im Internet gute Vorlagen dazu. Ich verschaffe mir seit dreißig Jahren regelmäßig einen detaillierten Überblick über meine Finanzen. Es ist nicht notwendig, alle Ausgaben täglich zu notieren. Einmal im halben Jahr eine Stunde zu investieren, um eine Tabelle zu füllen und sich mit den eigenen Finanzen zu beschäftigen, lohnt sich meiner Erfahrung nach sehr wohl. Warum ist das wichtig? Nur die Visualisierung und die Auseinandersetzung mit dem tatsächlichen Geldmittelfluss ermöglicht es uns, einen Überblick über unsere Finanzen zu erhalten. Genügt da nicht der monatliche Kontoauszug? Seien Sie ehrlich zu sich. Wie genau sehen Sie sich diesen an und was ist mit den nur einmal im Jahr geleisteten Zahlungen wie zum Beispiel den Versicherungsbeiträgen? Genau deswegen ist es sinnvoll, ein wenig Zeit zu investieren. Erstellen Sie eine Tabelle, legen Sie die jährlich zu leistenden Einmalzahlungen auf durchschnittliche Monatsbeträge um, indem Sie diese einfach durch zwölf dividieren. Auch wenn sie erst im November bezahlt werden müssen, das Geld dafür muss im Voraus angespart werden. Sich darauf zu verlassen, die Weihnachtsgeldzahlung dafür zu verwenden, wäre fahrlässig, denn im Laufe des Jahres ergeben sich sehr wahrscheinlich weitere Notwendigkeiten, wofür Teile davon genutzt werden sollen oder müssen.

Die Tabelle für Ihre monatliche Einnahmen-Ausgaben-Rechnung könnte beispielsweise so aussehen:

Nettolohn/-gehalt pro Monat	**1.600 €**
Nachhilfestunden (schwankend)	**100 €**
Kaltmiete	– 300 €
Betriebskosten zur Wohnung	– 170 €
Autoversicherung	– 85 €
Kfz-Steuer	– 14 €
Benzin	– 80 €
Rechtsschutzversicherung	– 12 €
Berufsunfähigkeitsversicherung	– 25 €
Haftpflichtversicherung	– 11 €
Rundfunkgebühr	– 17,50 €
Lebensmittel	– 200 €
Urlaub	– 120 €
Kleidung	– 150 €
Handy, DSL	– 70 €
Freizeitaktivitäten, Hobby	– 150 €
Sparen (mindestens 10 %)	– 170 €
Summe	– 1.574,50 €
Frei verfügbarer Überschuss	**125,50 €**

Tipp:
Seien Sie ehrlich zu sich, vergessen Sie nichts und führen Sie dies **mindestens** einmal im Jahr durch. Sie werden erkennen, dass Sie dadurch zukünftig automatisch ein sicheres Gefühl für den täglichen Umgang mit Ihrem Geld erlangen.

5. Schulden

Sie haben jetzt schon Schulden? Dann lesen Sie bitte auf jeden Fall weiter. Warten Sie nicht auf Peter Zwegat, sondern analysieren Sie selbst offen und ehrlich die Situation. Das ist nicht schwer, erfordert nur etwas Mut. Schulden sind die Basis für die dauerhafte Abwesenheit von Geld in Ihrer Geldbörse. Millionen Menschen zahlen im Monat mehr Zinsen an verschiedene Gläubiger, als sie Geld in ihre eigene Zukunft investieren. Das ist ein Teufelskreislauf, aus dem Sie ausbrechen müssen. Wenn Sie Schulden haben, so gehören Ihnen die Dinge, die Sie mit den Krediten gekauft haben, nicht. Wenn Sie diese kaputt machen, müssen Sie sogar noch dafür bezahlen, obwohl Sie diese nicht mehr besitzen. Besitz und Eigentum sind ein bedeutsamer Unterschied. Wenn Sie etwas in den Händen halten, besitzen Sie es. Sie haben jedoch nur die Sachherrschaft darüber. Ist es noch nicht bezahlt, so befindet es sich noch im Eigentum des Verkäufers, und zwar so lange, bis Sie die letzte Rate bezahlt haben. Hören Sie also damit auf, sich mit fremden Federn zu schmücken. Es fühlt sich auch viel besser an, wenn Eigentum und Besitz in einer (Ihrer) Hand liegen.

Erstellen Sie noch eine Tabelle und listen Sie alle Schulden detailliert auf. Unterschlagen Sie keine Beträge und vor allem addieren Sie die Summen über die Laufzeiten auf, die Sie zu leisten haben. Vergessen Sie keine Schlusszahlungen.

Das ist selten auf den ersten Blick zu erkennen, deswegen fragen Sie nach und raten Sie nicht. Zusätzlich nehmen Sie nun die schon erstellte Tabelle mit der Einnahmen-Ausgaben-Gegenüberstellung zur Hand und errechnen Sie, wie lange Sie benötigen werden, wenn Sie ab sofort jeden Monat die maximal mögliche Summe zurückzahlen. Wenn Sie Kontakt zu den Menschen oder Unternehmen aufnehmen, denen Sie Geld schulden, lässt sich oft eine kleinere Rückzahlungssumme aushandeln, wenn der Betrag sofort getilgt wird. Bei dem einen oder anderen Vorgang wird das möglich sein und somit die zukünftige Monatsleistung reduzieren. **Tun Sie das.** Wenn die Summe der Schulden bereits einige Tausend Euro beträgt, so lassen Sie sich von den regionalen Schuldnerberatungen helfen. Haben Sie keine Scham davor. Wenn Sie jetzt schon verschuldet sind, kommen Sie da alleine sehr wahrscheinlich nicht heraus. Es ist aber noch nichts verloren. Arbeiten Sie daran und beachten Sie die Tipps in diesem Buch. Schon nach kurzer Zeit werden sich Ihre Situation und damit verbunden auch Ihr Lebensgefühl merklich verbessern.

Tipp:

Wenn Sie einen Schuldenabbauplan erarbeiten, so sparen Sie parallel etwas an. Auch kleine Summen helfen. Wenn Sie das nicht tun, so wird am Ende des Schuldenabbauplans das Ziel, „schuldenfrei" zu sein, erreicht sein, doch gleichzeitig hätten Sie nichts angespart. Sie hätten dann also einen Kontostand von null Euro erreicht, obwohl Sie über einen langen Zeitraum zurückgezahlt haben. Das ist frustrierend.

- Seien Sie ehrlich zu sich.
- Fassen Sie Ihre Schulden zusammen.
- Verhandeln Sie mit Ihren Gläubigern.
- **Setzen Sie Ihren Dispositionskreditrahmen auf Ihrem Gehaltskonto auf null Euro.**
- Richten Sie nie wieder einen Dispositionskreditrahmen ein.

6. Welche Einnahmen habe ich?

Sehr wahrscheinlich verfügen Sie zum Beginn Ihrer beruflichen Tätigkeit „nur" über eine Einnahmequelle. Dem Angestelltenverhältnis mit Ihrem Arbeitgeber. Es gibt in Deutschland jedoch etwa zwanzig Prozent der abhängig Beschäftigten, die mindestens zwei Arbeitsverträge bedienen. Das sind in der Regel Tätigkeiten auf dem Niveau des Mindestlohns oder leicht darüber. Auch ein reguläres 40-Stunden-Arbeitsverhältnis wird nicht selten mit einem Job auf 450-Euro-Basis ergänzt. Das Herausfordernde daran ist die Tatsache, dass Sie sich verausgaben, wenn Sie zwei Berufen nachgehen. Besser wäre es, sich auf einen zu konzentrieren und davon leben zu können. Es gibt Ausnahmen. So kann es beispielsweise sinnvoll sein, das Hobby in der Freizeit als genehmigte Nebenbeschäftigung zu verfolgen und sich in dieser Tätigkeit so zu verbessern, dass dies gegebenenfalls später zum (besser bezahlten) Hauptberuf wird.

Im Laufe unseres Lebens ergeben sich zahlreiche Möglichkeiten, zusätzliche Einnahmen zu erzielen. Zinsen auf Erspartes, Dividenden aus Aktienbesitz, Wertsteigerung von Aktien, Mieteinnahmen aus Immobilienbesitz, Einkünfte aus den Verkäufen von Sachgegenständen, die Sie nicht mehr benötigen und besser verkaufen, als diese zu verschenken oder kostenpflichtig zu entsorgen.[1]

---

[1] Beispielsweise auf www.ebay-kleinanzeigen.de oder ähnlichen Seiten

Der erste Weg sollte der zum Chef sein, um mit diesem über mehr Gehalt/Lohn zu verhandeln. Gehen Sie dabei nicht zu plump, sondern strukturiert vor. Was können Sie besser als andere, worin liegt der Mehrwert Ihrer Leistung für diese Firma? Wenn Sie so vorbereitet einen Termin vereinbaren und in Ruhe Ihre Argumente darlegen, dann werden Sie einen Erfolg erzielen können. Vielleicht nicht sofort, doch mittelfristig garantiert. Am besten funktioniert dies im Rahmen eines Vorstellungsgesprächs. Zu diesem Zeitpunkt haben Sie die beste Chance, Ihr zukünftiges Gehalt oder den Lohn anzuheben. Die Gesprächsatmosphäre passt dazu und beide Seiten wollen ja zusammenarbeiten. Da wird es nicht an ein paar Euro mehr scheitern.

Sprechen Sie mit Ihrem Arbeitgeber darüber, inwieweit Sie Anspruch auf Arbeitgeberleistungen haben. Vermögenswirksame Leistungen sind übliche Beteiligungen an Sparplänen für Mitarbeiter. Auch Beteiligungen an den Monatsbeiträgen zum Fitness-studio sind keine Seltenheit mehr. Mittelständische Betriebe bieten Firmenwagen teilweise auch Mitarbeitern an, die nicht im Außendienst tätig sind. Entgegen der weit verbreiteten Meinung (ein Dienst-Pkw sei zu teuer) lässt sich damit ein richtig großer Betrag für Sie als Arbeitnehmer sparen. Stellen Sie einmal die Kosten für Treibstoff, Versicherung, Ersatz- und Verschleißteile sowie den Anteil für den Wertverlust dem durch Sie zu versteuernden monatlichen Betrag gegenüber.

Sie müssten vermutlich je nach Pkw-Klasse einige Hundert Euro brutto mehr verdienen, um das gleiche Nettogehalt zu erzielen. Richtig große Gehaltssprünge erzielen Sie im Laufe Ihres Berufslebens in der Regel nur mit einem Arbeitgeberwechsel. Wenn Sie dies planen, so berücksichtigen Sie dabei auch die gegebenenfalls entstehenden Mehrausgaben durch einen weiteren Arbeitsweg oder andere durch den Jobwechsel bedingte Ausgaben. Es kann sich langfristig auch auszahlen, in der aktuellen Firma zu bleiben und einen Entwicklungsplan mit dem Vorgesetzten zu erstellen, um aufzusteigen. Lassen Sie sich nur nicht hinhalten. Wenn Sie merken, dass man Sie nicht unterstützt, wechseln Sie.

Nehmen Sie staatliche Hilfen in Anspruch. Diese sind dazu gedacht, Bedürftige zu unterstützen und es ist nicht erforderlich, dabei Scham zu empfinden. Mietzuschüsse, Ausbildungsbeihilfen, Förderprogramme zur Schaffung von Wohneigentum, Riester-Sparprogramme und weitere Hilfen sind wertvoll für Sie. Es sind fast immer Nettoleistungen, die Ihnen zugutekommen werden. Es gibt sehr viele Möglichkeiten und es kommen ständig neue hinzu. Am besten ist es, wenn Sie sich im Internet informieren oder die regionale Verbraucherberatung ansprechen. Fördertöpfe nicht zu nutzen ist unklug, weil es dann andere tun werden.

Jede Einzelne Ihrer Einnahmen tragen Sie bitte in die Tabelle und seien Sie ehrlich mit den Ausgaben. Das eine oder andere wegzulassen, weil es zu „kleine Zahlen" sind, bringt Sie nicht weiter. Verkrampfen Sie nicht auf dem Weg durch die Jahre zwischen Ihrem zwanzigsten und sechzigsten Lebensjahr, indem Sie ständig Ihr Geld im Kopf haben. Doch seien Sie achtsam im Rahmen Ihrer Einkommensplanung, bei Konsumausgaben und beim Investieren in Immobilien.

Wenn Sie langfristig Ihr Geld mehren möchten, so kommen Sie am Aktienmarkt nicht vorbei. Dazu gibt es vielfältigste Literatur[2] und ich werde später noch darauf eingehen.

Tipp:

Verlassen Sie sich nicht Ihr Leben lang auf eine einzige Einnahmequelle. Krankheit, Trennungen, Kinder, Erbschaften (die dann doch nicht so hoch ausfallen wie erwartet) und eine Vielzahl an weiteren Unwägbarkeiten könnten zu unerwarteten Überraschungen führen. Wenn Sie dann über mehrere Einnahmequellen verfügen, kann das zu einer entspannten Situation beitragen.

---

[2] Beispielsweise: Investieren statt Sparen von Prof. Max Otte

Die Vorsichtigen haben in der Regel über die Lebensspanne betrachtet mehr Geld zur Verfügung als diejenigen, die immer volles Risiko fahren.

7. Welche Ausgaben habe ich?

Wir geben an jedem Tag Geld aus. In sehr vielen Fällen spüren wir es nicht, weil es bargeldlos geschieht oder als Dauerauftrag einfach vom Konto abgebucht wird. So zum Beispiel die Miete zuzüglich der Betriebskosten und die Versicherungsprämien. Dazu kommen die Ausgaben des täglichen Bedarfs. Ein Kaffee an der Tankstelle oder der Kantine im Büro, ein belegtes Brötchen vom Bäcker unterwegs, die Schachtel Zigaretten, Zeitschriften, das Musikabonnement und vieles mehr. Zehn Euro hier, fünf Euro dort, da sind im Laufe des Monats schnell ein paar Hundert Euro beisammen. Wenn Sie mindestens einmal im Jahr für sich ermitteln, wie hoch Ihre durchschnittlichen monatlichen Einnahmen sind, und demgegenüber die Ausgaben stellen, so wird es leicht sein, den monatlich frei verfügbaren Betrag zu ermitteln. Sie könnten diesen als Bargeld bei sich tragen und so im Laufe des Monats jederzeit mühelos erkennen, was noch drin ist und was nicht. Wenn Sie dabei ehrlich zu sich sind und nicht einfach frisches Geld vom Sparkonto abheben, könnten Sie verhindern, über Ihre Verhältnisse zu leben. Das ist langfristig sehr entscheidend.

Sie benötigen grundsätzlich eine klare Vorstellung darüber, worauf Sie Ihre Schwerpunkte legen möchten. Wofür wollen Sie welche Anteile Ihres Einkommens ausgeben?

Erst wenn Sie diese grundsätzliche individuelle Einteilung vorgenommen haben, können Sie langfristig einen Erfolg im planvollen Umgang mit Geld erreichen. Schreiben Sie es auf. Nur eine Visualisierung bringt Ihnen die Übersicht über Ihre Finanzen.

Wenn Sie einkaufen gehen, schreiben Sie immer einen Einkaufszettel. Smartphones haben wunderbar einfach zu handhabende Notizzettelfunktionen und somit ist es sehr einfach, wiederkehrende Einkäufe wie zum Beispiel die im Supermarkt aufzuschreiben. Halten Sie sich immer an Ihre Liste, kleine Zusatzkäufe sind normal, doch den Kühlschrank als Supermarktersatz zu nutzen ist nicht nur teuer, es führt auch zu unnötigen Geldausgaben, weil immer wieder das Mindesthaltbarkeitsdatum einzelner Lebensmittel überschritten wird. Sie werfen diese dann vermutlich weg. Wann haben Sie zum letzten Mal fünf oder zehn Euro in bar aus dem Fenster geworfen? In Form abgelaufener Lebensmittel wohl aber schon das ein oder andere Mal? Es fühlt sich anders an, führt jedoch zum gleichen Ergebnis.

Rabattmarken und Sonderaktionen sollen uns als Konsumenten dazu verleiten, größere Mengen als benötigt zu kaufen. Fallen Sie nicht darauf herein, sondern überlegen Sie, bevor Sie zuschlagen, um viel Geld zu sparen.

Kaufen Sie nichts auf Kredit. **Gar nichts.** Schulden für Konsumgüter sind der Anfang vom Ende. Ich verweise hier auf den jährlich durch die Creditreform veröffentlichten Schuldenatlas.[3] Im Jahr 2016 waren demnach in Deutschland 1,6 Millionen Menschen unter dreißig Jahren überschuldet. Bei den über Sechzigjährigen sind es über 700.000 Menschen. Überschuldet bedeutet, sie sind nicht in der Lage, diese Schulden zurückzuzahlen und besitzen nichts von Wert.

Geld zu leihen darf für Sie nur erfolgen, um in die eigene Berufsausbildung/Ihr Studium und/oder die Schaffung von Wohneigentum zu investieren.

Investieren bedeutet, dass Ihr angelegtes Geld in der Zukunft zu Mehreinnahmen oder einer Reduzierung der Ausgaben führt. In diesen beiden Fällen also eine Einkommenserhöhung basierend auf dem höheren Ausbildungsabschluss oder entfallende Mietzahlungen bedingt durch das Wohnen im Eigentum.

Für alles andere im Leben kann ich keinen Grund erkennen, der dazu führen würde, die Banken auf Ihre Kosten noch reicher zu machen, als sie es schon sind, indem diese hohe Zinsleistungen von Ihnen erhalten. Seien Sie stark und üben Sie sich in Geduld.

---

[3] www.creditrefom.de

Ein Kauf zu einem späteren Zeitpunkt führt in der Regel zu einem erheblich niedrigeren Einkaufspreis. Manchmal lässt uns die verstreichende Zeit auch erkennen, dass wir auf den Kauf komplett verzichten können.

Mein Lieblingsbeispiel ist der Autokauf. Ein neuer Pkw der Kompaktwagenklasse wie zum Beispiel der VW Golf oder der Opel Astra kosten schnell über 20.000 Euro. Finanziert für 190 Euro im Monat lässt sich das doch locker stemmen? Rechnen Sie doch einmal aus, was Sie während der Finanzierungsdauer insgesamt für Ihr neues Auto bezahlen werden. Da stehen dann inklusive Zinsen und Gebühren schnell ein paar Tausend Euro mehr auf dem Zettel. 20.000 Euro in bar bezahlt und bereits am Tag der Zulassung sinkt der Wert des Wagens um 4.000 Euro. Wie lange benötigen Sie, um 4.000 Euro netto zu verdienen? Vermutlich etwas länger als einen Tag. Ich würde es mir zweimal überlegen, ob es mir das wert ist, um die Nachbarn zu beeindrucken.

Mehr als drei bis vier Monatsnettoeinkommen sollte ein Auto meiner Meinung nach nicht kosten. Über die gängigen Internetportale[4] lässt sich da sicher ein zur derzeitigen Lebenssituation passendes Auto finden. Denken Sie daran: In Deutschland sind über fünfzig Prozent aller auf private Personen zugelassenen Neufahrzeuge finanziert.

---

[4] www.mobile.de, www.autoscout24.de und weitere

Das bedeutet: Diese gehören den Banken und nicht den Menschen, die darin sitzen. Insgesamt wurden im Jahr 2014 weniger als dreißig Prozent der neu zugelassenen Autos an private Personen verkauft.[5] Mit diesem Wissen lässt es sich ganz entspannt im fünf Jahre „alten" Auto an der Ampel neben dem neuen BMW 5er stehen.

Wenn es aus beruflichen Gründen notwendig erscheint, ein teureres Auto zu kaufen, so prüfen Sie, ob es sich lohnt, einen Ratenkredit bei einer Direktbank aufzunehmen und das Auto in bar zu bezahlen. Bei der derzeitigen Zinslage (2017) kann der Rabatt bei Barzahlung die Zinslast über die Laufzeit durchaus übersteigen. Wann tanken Sie? Ich meine damit: An welchen Tagen und zu welcher Uhrzeit? Montags bis freitags zwischen 15 und 19 Uhr kostet der Treibstoff bis zu 15% weniger als zu allen anderen Zeiten. Wenn Sie das konsequent beachten sparen Sie zwischen 6 und 10 Euro pro Monat. Das sind also 72 bis 120 Euro pro Jahr.

Setzen Sie zu Hause keine Halogenlampen ein. Diese benötigen teilweise um das Hundertfache mehr Strom als LED-Lampen. Müssen Fernseher und Musikanlage wirklich vierundzwanzig Stunden pro Tag in Stand-by-Betrieb stehen oder lässt es sich einrichten, diese mittels einer ausschaltbaren Lichtleiste während der Nichtnutzung vom Netz zu nehmen?

---

[5] Westdeutsche Allgemeine Zeitung, 29.12.2014

Auch den WLAN-Router nachts in Betrieb zu halten ist nicht nötig. Automatische Einstellungen lassen es zu, dass diese Geräte zu festgelegten Zeitfenstern ein- und ausgeschaltet werden. Nutzen Sie diese Funktionen. Es macht einen großen finanziellen Unterschied, ob Sie 2.000 oder 3.000 kWh pro Jahr und Person verbrauchen. Wann waren Sie zum letzten Mal in Ihrem Fitnessstudio? Der Monatsbeitrag wird bestimmt regelmäßig abgebucht oder? Wenn Sie nicht mehr hingehen, dann kündigen Sie, das Gleiche gilt für Zeitungs-, Musikplattform- und Spieleabonnements. Zahlen Sie nur für Leistungen, welche Sie auch in Anspruch nehmen. Überprüfen Sie zu jedem Jahreswechsel Ihre Versicherungsverträge. Direkt-versicherer sind oft ausreichend. Nicht immer ist ein lokaler Ansprechpartner vonnöten. Achten Sie darauf, keine Versicherungen doppelt abzuschließen. Einige Leistungen sind in der Hausratversicherung enthalten und werden trotzdem separat zusätzlich angeboten. Einige Kreditkarten beinhalten eine Reiserücktritts- und Auslandsreisekrankenversicherung. Diese müssen Sie dann beim Buchen des Urlaubes nicht zusätzlich abschließen. Wie können Sie Ihre Ausgaben minimieren, ohne auf Leistungen zu verzichten? Indem Sie **selbst** Angebote vergleichen und das Kleingedruckte lesen. Ja, das ist leider aufwändig, lohnt sich aber. Lassen Sie sich nicht von windigen Beratern einwickeln, die Ihnen Steuersparmodelle verkaufen wollen. Tausende Euro auf Kredit zu investieren, um in den Folgejahren Steuern zu sparen, ist fast immer unwirtschaftlich.

Wenn Sie es irgendwann geschafft haben sollten, so hohe Steuern zu zahlen, dass Sie darüber nachdenken, die Steuerlast auf legalem Weg zu reduzieren, wird Ihnen Ihr Steuerberater Wege aufzeigen. Dann bewegen Sie sich aber in jedem Fall schon jenseits der 80.000 Euro Jahresbrutto-einkommen. Bis dahin bedarf es vermutlich noch ein wenig Zeit. Spielen Sie Lotto? Sie zahlen also in jeder Woche einen kleinen Betrag für einen Traum? Wie wäre es, darauf zu verzichten? Beim Lotto 6 aus 49 gibt Westlotto auf seiner Homepage[6] die Wahrscheinlichkeit von sagenhaften 1 zu 139.838.160 für den Hauptgewinn an. Sie wären auch mit einem kleineren Gewinn zufrieden? Gut, die Wahrscheinlichkeit für fünf Richtige liegt bei 1 zu 60.223. Die Wahrscheinlichkeit dafür, dass Sie innerhalb von zehn Jahren über 10.000 Euro ansparen werden, wenn Sie den wöchentlichen Spieleinsatz sicher verzinst anlegen, liegt bei einhundert Prozent. Entscheiden Sie.

Tipp:

www.finanztip.de
Nutzen Sie Vergleichsportale, um preiswerte Versicherungen, Telefon-, Strom- und Gastarife abzuschließen. Nutzen Sie dabei konsequent und wiederkehrend die Bonuszahlungen beim Anbieter-wechsel.

---

[6] www.westlotto.de

Prüfen Sie bei allen Verträgen, ob es Rabatte für Einmalzahlungen pro Jahr gibt. Das sind dann immer hohe Beträge im jeweiligen Einzelmonat, doch Sie können damit bis zu drei Prozent Nachlass erzielen und so hohe Zinsen erhalten Sie momentan bei keiner Bank. Wenn Sie diese relativ hohen Beträge mit Hilfe Ihrer Tabelle korrekt einplanen, so wird es Ihnen nicht schwerfallen, diese fristgerecht zu begleichen.

Bezahlen Sie Rechnungen immer am letztmöglichen Tag. Prüfen Sie, ob es Skontonachlässe gibt, wenn Sie schneller zahlen. Auch hier sind zwei bis drei Prozent Rechnungsreduzierung möglich.

Nutzen Sie Kreditkarten nur, wenn Sie diszipliniert im Umgang damit sind und jederzeit den Überblick über die im laufenden Monat bereits getätigten Ausgaben haben. Ist das nicht der Fall, zahlen Sie möglichst immer in bar. Es gibt Debitkreditkarten, die eine Kontoüberziehung verhindern.

Tanken Sie möglichst wenig an Markentankstellen und niemals die teuren Ultimate®, Super Plus®, Excellium® oder ähnlichen Sorten. Die bringen Ihrem Auto nichts und ziehen Ihnen nur mehr Geld aus der Tasche.

Sie können mit den hier beschriebenen Wegen einen vierstelligen Betrag pro Jahr sparen. Da ist dann ein zusätzlicher Städtetrip oder eine größere Anschaffung drin.

8. Sparen

Mir hat einmal ein Millionär gesagt: „Reich geworden bin ich nicht von dem Geld, welches ich verdient, sondern von dem, was ich nicht ausgegeben habe." Ein weiser Satz. Nun, wie schon eingangs geschrieben, geht es mir nicht darum, Sie zum Millionär zu bringen. Es geht darum, dass Sie erkennen, wie wichtig es ist, **immer** weniger auszugeben, als Sie einnehmen. Die Ausgangsbasis spielt dabei eine untergeordnete Rolle. Es gibt Familien, die leben von 2.500 Euro netto ganz gut, und es gibt Singles, die kommen mit 3.500 Euro netto nicht klar. Unser Lebensstandard steigt zwangsläufig mit wachsendem Einkommen und das ist ja auch gut so. Nur müssen die Ausgaben meiner Ansicht nach nicht zwingend im Gleichschritt mit den Einnahmen steigen.

Was bedeutet der Begriff des Sparens für Sie? Für mich heißt das, Geld bewusst auf die Seite zu legen, um es später gezielt einsetzen zu können. Sie könnten auf ein Ziel hinsparen, zum Beispiel wenn Sie wissen, dass Sie im nächsten Jahr umziehen oder/und heiraten werden. Sie könnten auch einfach um des reinen Sparens an sich einen Teil Ihres Geldes nicht ausgeben. Entscheidend ist, dass Sie sich bewusst machen, dass nicht erst am Ende eines jeden Monats entschieden wird, wie viel Geld Sie gespart haben, sondern bereits am **ersten** Tag.

Buchen Sie unmittelbar nach Ihrem Gehalts- oder Lohneingang eine festgelegte Summe auf ein separates Sparkonto um. Sie können es kostenlos bei einer Direktbank online einrichten. Am besten, Sie richten gleich einen Dauerauftrag ein. Prüfen Sie bei dieser Gelegenheit, wie hoch die Bankgebühren sind, welche Sie in den letzten zwölf Monaten an Ihre Hausbank gezahlt hatten. Da können Sie durch einen Wechsel auf ein Onlinekonto schnell über einhundert Euro pro Jahr sparen.

Sparen ist das gewollte Anhäufen von Geld über einen längeren Zeitraum. Seien Sie mutig und legen Sie mindestens zehn Prozent Ihres monatlichen Nettoeinkommens in jedem Monat auf die Seite. Auch in den Monaten mit Sonderzahlungen. Denken Sie bei Lohn- und Gehaltserhöhungen daran, diesen Betrag anzupassen. Sie werden überrascht sein, wie schnell die Summe wächst. Errechnen Sie für sich eine angemessene Sicherheitssumme, über die Sie in jedem Fall bei plötzlicher Krankheit oder Arbeitslosigkeit verfügen müssen. Ich halte sechs Monatsnettogehälter/-löhne für die absolute Untergrenze. Jeder Euro weniger würde in einer Notsituation zu einem hohen Druck bei Ihnen führen, weil das Zeitfenster zur Lösung des Problems zu kurz wäre.

Wenn Ihnen dies einleuchtet und es Ihnen wichtig genug ist, damit anzufangen, dann achten Sie darauf, dass es Ihnen auch zukünftig wichtig genug bleibt, um es durchzuziehen.

Zwischendurch immer wieder Ausnahmen zu machen, um einen spontanen Kurzurlaub einzuschieben oder einen neuen Fernseher zu kaufen, würde die Priorität Ihres Sparens ernsthaft in Frage stellen.

Tipp:

Sparen Sie immer mindestens zehn Prozent Ihres Nettoeinkommens.

Buchen Sie unmittelbar nach Lohn-/Gehaltseingang den Sparbetrag auf ein separates kostenloses Sparkonto.

Halten Sie mindestens sechs Monatsnettoeinkommen für Notfälle bereit. Das bedeutet, Sie müssen innerhalb weniger Tage darauf zugreifen können, ohne Gebühren zu zahlen oder Verluste zu erleiden.

Fragen Sie andere Menschen, wie diese ihr Geld anlegen, und befragen Sie dazu nur Menschen, die selbst Geld haben, und nicht diejenigen, die gerne welches hätten.

9. Versicherungen

Ab dem 18. Geburtstag sind wir alle selbst dafür verantwortlich, wie und wo wir versichert sind. Eine andauernde Ausbildung oder ein Studium und die damit verbundene Möglichkeit, noch eine Weile unter dem Schutzmantel der Elternversicherungen zu verharren, scheinen bequem zu sein, verschieben aber das Thema nur um wenige Jahre nach hinten. Am besten, Sie fangen jetzt damit an, sich damit zu befassen, welche Police Sie benötigen. Rechnen Sie sich aus, ob die Absicherung des Risikos tatsächlich notwendig ist oder ob Sie nur Ihrem Bauchgefühl und dem Bedrohungsszenario des Versicherungs-beraters (Verkäufer) folgen. Eine Krankenhaustage-geldversicherung, die beispielsweise 15 Euro pro Monat kostet und bei Aufenthalt im Krankenhaus dann 25 Euro pro Tag zahlt, wird sich nie auszahlen:

15 Euro x 12 Monate = 180 Euro pro Jahr

Wie lange und vor allem wie oft wollen Sie im Krankenhaus liegen? Ich wünsche Ihnen, dass Sie gesund bleiben. Doch falls es Sie doch erwischt, wird man Sie als Kassenpatienten schneller entlassen, als Sie es sich vorstellen können, und falls Sie schlimmer erkranken, bringen Sie 175 Euro pro Woche auch nicht weiter. Aus meiner Sicht nützen Ihnen weder eine Glasbruchversicherung noch eine Handyversicherung oder eine Garantieverlängerung zum neuen Laptop oder zur Waschmaschine etwas.

Auch eine Sterbegeldversicherung ist überflüssig, wenn Sie verantwortungsvoll mit Ihrem Einkommen umgehen. Das Leben steckt voller Risiken. Diese alle absichern zu wollen, ist unmöglich und kostet in jungen Jahren nur Geld, welches Sie besser einsetzen könnten. Die über 1.000 Euro, die Sie an Versicherungsprämien pro Jahr durchschnittlich sparen werden, wenn Sie nur notwendige Policen abschließen und diese gut verhandeln, können Sie im Bedarfsfall ja zum Teil einsetzen, falls doch einmal ein Ereignis eintritt.

Tipp:

Was Sie wirklich haben müssen:

- Berufsunfähigkeitsversicherung
- Private Haftpflichtversicherung
- Krankenversicherung
- Wenn Sie im Ausland reisen: eine Auslandsreisekrankenversicherung
- Wenn Sie eine Familie gründen: eine Risikolebensversicherung

Das war es.

www.finanztip.de

10. Kreditkarten

Im Ausland oder beim Onlineshopping sind Kreditkarten praktisch. Doch während manche Plastikkarten Vorteile bieten, locken andere in die Schuldenfalle. Welche unterschiedlichen Kartentypen es gibt und wie diese funktionieren, erläutere ich im Folgenden.

Im Urlaub nicht nur auf Bargeld zu setzen ist eine gute Idee. Besonders wenn ein Mietwagen benötigt wird, lohnt sich eine Kreditkarte, weil die Kaution darüber abgebildet werden kann. Doch Vorsicht! Überlegen Sie sich vor dem Abschluss eines Kreditkartenvertrages genau, zu welchem Zweck Sie diese einsetzen werden. Es verlangt an Disziplin und Übersicht über die im Laufe des Monats damit getätigten Einkäufe, um zum Monatsende keine böse Überraschung zu erleben. Wenn Sie das nicht können, so lassen Sie die Finger von einer Kreditkarte. Da Sie aber bis hierher gelesen haben, werden Sie ein gutes Gefühl für den Umgang auch mit Plastikgeld haben und einen Weg finden, die Kontrolle über Ihre bargeldlosen Ausgaben zu halten. Für mich hat sich die Form der Kreditkarte bewährt, die separat vom Girokonto geführt wird. Einmal im Monat wird zu einem festen Termin der summierte Betrag der letzten vier Wochen vom Girokonto abgebucht und der Betrag auf dem Kreditkartenkonto zu einhundert Prozent ausgeglichen.

Der Vorteil hierbei ist, dass eine Verschiebung der Geldausgabe um maximal vier Wochen erfolgt und ich so etwas flexibler bin. Es besteht auch die Möglichkeit, nur Teilbeträge auszugleichen und somit einen Kredit in Anspruch zu nehmen. Davon rate ich ab. Die anfallenden Zinsen sind teurer als die bei Inanspruchnahme eines separaten Ratenkredits. Es gibt auch Kreditkarten, die mit Ihrem Girokonto gekoppelt werden und bei denen unmittelbar nach dem Bezahlvorgang der Betrag dem Konto belastet wird. Das sind aus meiner Sicht keine wirklichen Kreditkarten und Sie könnten innerhalb der Europäischen Union auch direkt Ihre Girokarte nutzen. Am besten, Sie vergleichen einmal die anfallenden Gebühren. Wenn Sie das tun, betrachten Sie bitte alle Positionen (Monatspreis, Preis pro Buchung, Guthaben- und Sollzinsen).

Wenn Sie sich nicht sicher sind, ob die Kreditkartennutzung dauerhaft ein gutes Mittel für Sie ist, können Sie mit einer Prepaidkarte starten. Dabei zahlen Sie zuerst einen Guthabenbetrag auf das Kreditkartenkonto ein und dieser reduziert sich dann anteilig bei jedem Bezahlvorgang. Ist das Guthaben aufgebraucht, stellen Sie das sofort fest und verhindern damit, mehr Geld auszugeben, als Sie haben. Doch Vorsicht: Wird die Jahresgebühr fällig, so ist bei vielen Anbietern auch hier die Überziehung möglich. Es gibt teilweise sogar Inaktivitätsgebühren. Wenn Sie also eine Prepaidkreditkarte nicht mehr benötigen, kündigen Sie diese sofort.

Tipp:

Es gibt Kreditkarten, bei denen Versicherungen inklusive sind. Eine goldene Kreditkarte beinhaltet beispielsweise sehr häufig eine Auslandsreise-krankenversicherung. Diese müssten Sie somit nicht separat abschließen. Das kann sinnvoll sein. Vergleichen Sie die Preise.

Die Jahrespreise, die in den schönen bunten Prospekten und auf den Homepages der Banken ausgeschrieben sind, stellen ein „Angebot" dar. Verhandeln Sie mit Ihrer Bank darüber und Sie werden erstaunt sein, welche Nachlässe man Ihnen anbieten wird.

11. Aktien oder Immobilien?

Ich habe noch nie einen vermögenden Menschen kennengelernt, der weder Aktien noch Immobilien besaß. Ich kann nicht sagen, was zuerst da war. Es spielt auch keine Rolle. Fakt ist, es gibt einen Zusammenhang. Also sollten auch Sie sich mit diesem Thema beschäftigen. Wenn Sie nach Ihren Überlegungen davon überzeugt sind, dass Wohneigentum ein Schlüssel für Ihren persönlichen Vermögenszuwachs sein kann, so errechnen Sie den für Sie maximal möglichen Betrag und suchen sich ein passendes Haus. Wenn Sie zu dem Schluss kommen, dass Sie sich lieber nicht an einen Ort binden möchten und deswegen eine Mietwohnung für Sie persönlich die bessere Lösung darstellt, ist es auch gut. Wichtig ist nur, dass Sie sich damit ernsthaft auseinandersetzen.

Die Zinshöhe für Immobilienkredite ist aktuell (2017) sehr günstig, um Wohneigentum zu erwerben. Allerdings steigen damit auch die Immobilienpreise gerade außerordentlich stark. Deswegen ist es von besonderer Bedeutung, die vermutlich größte Investition Ihres Lebens gut abzusichern. Stellen Sie sich einen Fachmann zur Seite, der die Liegenschaft begutachtet, bevor Sie einen Kaufvertrag unterzeichnen. Bedenken Sie auch die zu erwartenden Erhaltungskosten.

Überlegungen zur Rückzahlung eines Hypotheken-darlehens:

Sie leihen sich von einer Bank 200.000 Euro zu einem Zinssatz in Höhe von 1,8 Prozent. Zusätzlich tilgen Sie ein Prozent pro Jahr. Das macht in Summe 2,8 Prozent, die Sie jährlich in monatlich gleichen Raten an die Bank zurückzuzahlen haben. 5.600 Euro im Jahr entsprechen 466,67 Euro pro Monat. Das liest sich jetzt so, als ob es gar keiner Überlegung bedürfte, sofort zuzuschlagen. Denn wenn Sie jetzt noch die aktuellen Betriebskosten Ihrer Mietwohnung addieren (so in etwa 130 bis 160 Euro pro Monat), dann lässt sich das locker finanzieren und kostet ja kaum mehr. Dafür gehört Ihnen dann ja irgendwann das Haus. So, jetzt wird es interessant.

Berücksichtigen Sie:

Die Betriebskosten einer eigenen Immobilie liegen über den Betriebskosten einer Mietwohnung, die Sie als Mieter zu tragen haben. Den Anteil, den Ihr Vermieter heute trägt, übernehmen Sie als zukünftiger Eigentümer selbst.

Ein Prozent Tilgung bedeutet bei 200.000 Euro Kreditaufnahme und zehnjähriger Zinsbindung eine Restschuld nach zehn Jahren in Höhe von immer noch 180.000 Euro. Die 1,8 Prozent Zinsen pro Jahr bedeuten aber in diesem Beispiel bereits eine Zinszahlung in Höhe von gerundeten 35.000 Euro.

Abgesehen davon, dass Sie auf diese Weise bis zum Renteneintritt benötigen würden, um der Bank das geliehene Geld zurückzuzahlen, tragen Sie das Risiko der Zinssteigerung nach zehn Jahren alleine. Steigt der Zins nur um ein halbes Prozent, so müssten Sie in den folgenden zehn Jahren schon 495,00 Euro pro Monat an Zinsen und Tilgung zahlen. Wohlgemerkt, Sie hatten schon zehn Jahre abgezahlt und die Schuld um 20.000 Euro getilgt. Trotzdem steigt Ihre monatliche Belastung nun um fast sechs Prozent. Nicht auszudenken, was passieren würde, wenn der Zins noch stärker ansteigen würde.

Meine Empfehlung lautet deswegen: Tilgen Sie immer mindestens zwei, besser drei Prozent pro Jahr. Sie können mit der Bank zusätzlich eine jährliche Sondertilgung in Höhe von maximal zehn Prozent ohne große Zinszuschläge verhandeln und wären somit flexibel, wenn Sie einmal über zusätzliches Geld verfügen und das einbringen möchten. Der Hebel bei der Nutzung von Sondertilgungen ist nicht zu unterschätzen. In meinem Beispiel würde eine Tilgungsrate in Höhe von drei Prozent pro Jahr bereits ohne Sondertilgung zu einer Restschuldreduzierung nach zehn Jahren von 60.000 Euro führen. Um das zu erreichen, müssten Sie die 1,8 Prozent Zinsen zuzüglich drei Prozent = 800 Euro pro Monat leisten. Ob Sie das können, wissen nur Sie. Das Ergebnis nach nur zehn Jahren in der eigenen Immobilie ist für Sie von entscheidender Bedeutung.

Rechnen Sie sich das einmal für Ihren individuellen Fall aus. Wenn Sie sorgfältig planen, eine Sicherheitsreserve bei der monatlichen Ausgabenrechnung einplanen und bei zwei Verdienern nicht beide Einkommen zu einhundert Prozent als verfügbar kalkulieren, so werden Sie viel Freude an Ihrer Immobilie haben. Tun Sie das nicht, so gehen Sie ein hohes Risiko ein und könnten eventuell die Kosten in der Zukunft nicht tragen. Zwangsversteigerungen bei den lokalen Amtsgerichten zeugen von solchen Fehlplanungen. Diese bieten Ihnen allerdings eine gute Kaufgelegenheit. Gehen Sie doch einfach einmal zu einer hin und beobachten Sie den Ablauf dort. Vielleicht ist auch ein Schnäppchen für Sie dabei. Wenn Sie das später mit einer festen Kaufabsicht erneut tun, so legen Sie sich aber vorher ein Limit fest, welches Sie auf keinen Fall überschreiten dürfen.

Ich bin ein Fan von Immobilien, eher noch der zur Fremdvermietung als der zum Eigennutz. Über die Jahre sind das schöne Einnahmequellen. Sie bringen jedoch auch immer die Verantwortung für das jeweilige Eigentum mit sich. Das muss man mögen. Sich langfristig auf einen Wohnort festzulegen, Kreditverbindlichkeiten in sechsstelliger Höhe, handwerkliche Arbeiten, alles das ist nichts für Sie? Dann lassen Sie besser die Finger vom eigenen Haus und denken Sie einmal über Aktien nach.

Aktienbesitzer kann unabhängig vom Vermögen jeder sein und die dreißig im DAX gelisteten Konzerne schütten regelmäßig Dividenden von über drei Prozent pro Jahr aus. Auf dem Sparbuch gibt es Stand heute etwa 0,1 Prozent. Das ist ein so signifikanter Unterschied, dass Sie diesen nicht ignorieren sollten. Investieren Sie besser in Fonds als in einzelne Aktien, wenn dieses Thema neu für Sie ist, und lesen Sie einmal im Jahr ein Buch dazu. Sie werden erkennen, dass es nicht so riskant ist, wie es häufig kolportiert wird, und dabei ertragreicher ist, als vermutlich erwartet. Sicher, wer weiß schon, in welche Richtung sich der Aktienmarkt entwickelt und wie war das noch im März 2000, als der „Neue Markt" zusammenbrach und Tausende Kleinanleger ihr Gespartes verloren?

Ja, das war so und auch ich hatte danach weniger Geld auf meinem Konto, doch zur Wahrheit gehört auch, dass Zehntausende Menschen Ihren Verstand versteckt hatten und im Laufe der drei Jahre zuvor, als der Markt nur nach oben stieg, wahllos und in relativ großer Stückzahl Aktien gekauft hatten. Das wiederum führt zum weiteren Anstieg der Aktienpreise und die Spirale brach dann zwangsläufig im Frühling zusammen. So bringt es uns Anlegern natürlich keinen Erfolg. Den Händlern sehr wohl. Diese verdienen an jedem einzelnen Kauf und Verkauf. Merken Sie sich das, wenn Sie einmal einem Bankberater gegenübersitzen und er Ihnen ein aktiv gemanagtes Depot empfiehlt. **Finger weg!**

Aktiv dürfen nur Sie selbst handeln und nicht jemand, der von Ihrer Provision lebt. Es gibt gute Literatur zum Einstieg in den Aktienmarkt und Sie können auch mit fünfzig oder einhundert Euro pro Monat als Dauersparplan über einen langen Zeitraum ein kleines Vermögen ansparen. Sie kompensieren mit dieser Methode auch Marktrückschläge und Stagnationsphasen. Das Wichtigste dabei ist, dass Sie bitte **niemals** Aktien oder Anleihen auf Kredit kaufen. Nur Geld, auf welches Sie für einen längeren Zeitraum verzichten können und was für die Altersvorsorge oder ein anderes großes Ziel in ferner Zukunft vorgesehen ist, darf hierzu verwendet werden. Denn der Preis einer Aktie ändert sich in jeder Minute. Das zwar üblicherweise nur in kleinsten Schritten, doch es kann auch zu plötzlichen starken Kursveränderungen kommen und wenn Sie dann genau zu dieser Zeit verkaufen wollten oder müssten, erzielen Sie gegebenenfalls einen herben Verlust. Wenn Sie jedoch langfristig orientiert an der Börse agieren, ist es eine hervorragende Geldanlage.

Tipp:

Noch einmal: www.finanztip.de

Kaufen Sie nur Aktien und Anleihen von Unternehmen, deren Geschäftsmodell Sie verstehen.

Wenn Sie sich auf Aktien einlassen, dann benötigen Sie gute Nerven und die Geduld, um schwierige Phasen auszusitzen.

Schauen Sie nicht in jedem Monat ins Depot. Das kann zu erhöhter Nervosität führen. Einmal im Jahr die Positionen zu sichten und gegebenenfalls anzupassen genügt.

Kaufen Sie Immobilien, so verhandeln Sie jede einzelne Position im Kreditvertrag. Auch die Nachkommastelle beim Zinssatz ist wichtig und Gebühren für Sondertilgungen oder Abschluss-gebühren verhandeln Sie auf null Euro. Sie können das nicht? Und ob Sie das können: einfach nicht unterschreiben, wenn die Bank nicht mitspielt und zur nächsten gehen. Es ist Ihr Geld!

12. Die gesetzliche Rente

Bereits im ersten Kapitel wies ich darauf hin, dass wir auch nach unserer aktiven Zeit im Berufsleben noch Geld benötigen werden. Wie viel ein jeder von uns einsetzen (können) wird, ist individuell sehr unterschiedlich. Sehr wahrscheinlich etwas weniger als in den Jahrzehnten davor. Vielleicht bleiben wir ja gesund und aktiv und wollen reisen oder den letzten Lebensabschnitt mit Aktivitäten verbringen, zu denen wir vorher kaum Gelegenheit hatten. Dazu wird dann gegebenenfalls eine größere Summe benötigt. Die Gesundheitskosten werden weiter steigen und unsere selbst zu tragenden Anteile an den Arztrechnungen auch. Die Rente ist nicht sicher, weil niemand seriös vorhersagen kann, in welcher wirtschaftlichen Situation sich unser Rentensystem in dreißig oder vierzig Jahren befinden wird. Sich alleine darauf zu verlassen und keine private Vorsorge zu betreiben, gleicht dem Lottospielen und meine Meinung dazu hatte ich Ihnen ja schon mitgeteilt. In den ersten elf Kapiteln hatte ich viele Tipps gegeben, wie Sie mit Ihrem Geld gut haushalten könnten. Wenn Sie mit Anfang zwanzig beginnen monatlich etwas Geld zur Seite zu legen, um mit Mitte sechzig Ihre gesetzliche Rente aufstocken zu können, wäre das eine sehr gute Idee. Welchen Weg Sie dabei wählen und wie viel Geld Sie zurücklegen (anlegen, investieren), müssen Sie sich nun selbst errechnen. Sie können das und ich wünsche Ihnen die Weitsicht und die Geduld, die ein solches Vorhaben benötigt.

Wenn Sie früh anfangen, können Sie im Laufe Ihres Lebens eventuelle Fehler und finanzielle Verluste noch gut kompensieren. Je später Sie starten, umso schwerer wird es. Also los, **es ist Ihr Leben.**

Tipp:

Heute schon an morgen denken.

Viele Firmen bieten Betriebsrenten an. Nutzen Sie die Arbeitgeberanteile.

www.finanztip.de
Ich verdiene nichts an dieser Seite, doch Herr Tenhagen macht hier mit seinem Team einen guten Job.

Gehen Sie einmal zu einer Verbraucherzentrale.

Suchen Sie in den Mediatheken der TV-Anstalten oder auf YouTube® nach aktuellen Reportagen zu diesem Thema und sehen Sie sich diese vollständig an.

13. Onlinebanking

Zum Abschluss einige Tipps zum Thema Sicherheit beim Onlinebanking:

- Nutzen Sie Onlinebanking nur am eigenen Computer und auch nur dann, wenn Sie eine Firewall und einen Virenschutz installiert haben.
- Installieren Sie immer die aktuellsten Updates Ihrer Software.
- Geben Sie die Adresse jedes Mal neu ein.
- Achten Sie bei jedem einzelnen Mal darauf, dass die Internetseite mit https//www. beginnt.
- Bewahren Sie Ihre Kennwörter sicher offline auf.
- Nutzen Sie niemals Links von anderen Seiten, um auf die Homepage Ihrer Bank zu gelangen.
- Nutzen Sie nicht die automatische Ausfüllhilfe für Kennwörter.
- Beantworten Sie niemals eine E-Mail, in der Sie darum gebeten werden, Ihre Zugangs-daten zu verifizieren.
- Klicken Sie in einer solchen E-Mail niemals auf den eingesetzten Link.
- Geben Sie bei einer Onlinesitzung niemals mehrere TANs ein.

Und wenn Sie trotz dieser Sicherheitsmaßnahmen Opfer eines Diebstahls werden, sprechen Sie sofort Ihre Bank an und lassen Sie das Bankkonto sperren. Wenn Sie meinen Tipp aus Kapitel fünf befolgen und keine Dispositionskreditlinie nutzen, wird man Ihnen kein Geld stehlen können, welches Sie gar nicht haben.

Sie sind verantwortlich, nicht die anderen.

Carsten Kettler (*1968)

Carsten Kettler

Erfolgreich verkaufen im Direktvertrieb

Der sichere Weg zu Ihrem persönlichen Vertriebserfolg

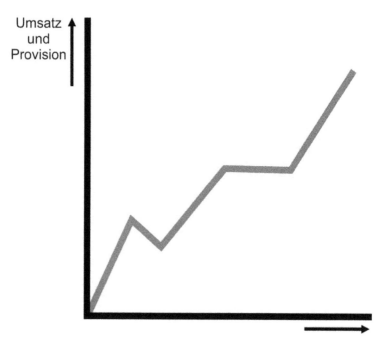

Vollständig überarbeitete Neuauflage

Auch als E-Book erhältlich

Carsten Kettler (Jahrgang 1968) hat seit 1993 in drei Branchen im Direktvertrieb gearbeitet und kennt deswegen alle Stufen des Verkaufens beim Kunden vor Ort aus eigener Erfahrung.

Dieses Buch spricht alle Menschen an, die im Direktvertrieb arbeiten. Es beinhaltet erfolgreich erprobte Methoden und regt zur Nachahmung an. Dabei ist es systematisch aufgebaut und folgt der logischen Reihenfolge von der ersten Kontaktaufnahme beim Kunden bis hin zur dem Abschluss folgenden Kundenbetreuung. Dabei wird bewusst auf eine detaillierte Aufsplitterung der einzelnen Themen in Unterpunkte verzichtet, um die Inhalte kurz, knapp und klar in der Aussage zu halten. Nach dem Lesen können Sie Ihre individuellen Fähigkeiten noch zielgerichteter einsetzen.

„Pragmatisch, leicht verständlich, sehr praxisorientiert, einfach empfehlenswert."
Robert Berkemeyer,
BERKEMEYER change management, NRW

„Ein Taschenbuch für das Handschuhfach, aus der Praxis für die Praxis."
Andreas Staszewski,
Beratung-Training-Coaching, München

www.carsten-kettler.de

9 783842 329492

Carsten Kettler

Eine(r)
geht voran

Verantwortungsvoll Führen

Carsten Kettler

Eine(r) geht voran

Verantwortungsvoll führen

Dieses Buch ist für Nachwuchsführungskräfte geschrieben, die bestrebt sind, ihren bisherigen Erfolg weiter auszubauen, und dabei auf bewährte Managementmethoden zurückgreifen möchten.

Sowohl Arbeitsmotivation durch Wertschätzung, Transparenz bei der Entscheidungsfindung, Klarheit in der Kommunikation als auch Vertrauen und Glaubwürdigkeit. Wenn Sie dies als junge Führungskraft bereits vorleben, so kann Sie dieses Buch in Ihrem Handeln bestärken. Wenn Sie im Rahmen Ihrer Personalführung nach neuen Wegen suchen, gibt Ihnen der Autor nützliche und konkrete Tipps hierzu.

„In den 10 Jahren unserer Zusammenarbeit war es mir eine Freude zu sehen, wie er in seinen Teams neben den guten Vertriebsergebnissen auch noch die Karrieren seiner Mitarbeiter pushte."
Petra Keßler,
Vertriebsleiterin bei einem Mobilfunknetzbetreiber

ISBN 978-3-8391-9565-9   Auch als E-Book erhältlich